BEI GRIN MACHT SICH WISSEN BEZAHLT

Bibliografische Information der Deutschen Nationalbibliothek:

Die Deutsche Bibliothek verzeichnet diese Publikation in der Deutschen National-
bibliografie; detaillierte bibliografische Daten sind im Internet über http://dnb.d-
nb.de/ abrufbar.

Impressum:

Copyright © 2007 GRIN Verlag
Druck und Bindung: Books on Demand GmbH, Norderstedt Germany
ISBN: 9783640331239

Dieses Buch bei GRIN:

https://www.grin.com/document/126678

Johannes Dobelke

Vergleichende Analyse ausgewählter IT-Controllingkonzepte

Struktur, Zielsetzung, Werkzeuge

GRIN Verlag

GRIN - Your knowledge has value

Der GRIN Verlag publiziert seit 1998 wissenschaftliche Arbeiten von Studenten, Hochschullehrern und anderen Akademikern als eBook und gedrucktes Buch. Die Verlagswebsite www.grin.com ist die ideale Plattform zur Veröffentlichung von Hausarbeiten, Abschlussarbeiten, wissenschaftlichen Aufsätzen, Dissertationen und Fachbüchern.

Besuchen Sie uns im Internet:

http://www.grin.com/

http://www.facebook.com/grincom

http://www.twitter.com/grin_com

FACHHOCHSCHULE BONN – RHEIN – SIEG

Fachbereich Wirtschaft Sankt Augustin

Hausarbeit
zur Erlangung des Leistungsnachweises
im Schwerpunktfach
„Controlling"

Vergleichende Analyse ausgewählter IT-Controllingkonzepte:

Struktur, Zielsetzung, Werkzeuge

vorgelegt am: 09.11.2007
vom cand   :   Johannes Dobelke

Inhaltsverzeichnis

Abbildungsverzeichnis

Abb. 1:
IT-Controllingkonzept, Einordnung in das IT-Controllingkonzept   4

Abb. 2:
IT-Controllingkonzept, Einordnung bei der Züricher Kartonalbank   11

Abb. 3:
Zusammenwirken des IT-Controllerdienst und CIO   13

Abb. 4:
Gegenüberstellung der IT-Controllingkonzepte   13

IV

Abkürzungsverzeichnis

IT   Informationstechnologie
DV   Datenverarbeitungssystem
ROI   Return on Investment
TCO   Total cost of ownership
CIO   Chief Information Officer
IKT   Informations- und Kommunikationstechnologie
SLA   Service Level Agreements

1 Problemstellung und Gang der Untersuchung

Diese Hausarbeit analysiert die verschiedenen IT-Controlling-Konzepte, im Hinblick auf deren Struktur, Zielsetzung und der Verwendung der verschiedenen Werkzeuge. Sie bildet die Entwicklung des IT-Conrolling anhand der Entwicklungsprozesse der Informationstechnik ab und beschreibt die unterschiedlichen Wirkungsweisen der einzelnen Ansätze im Hinblick auf deren Aufgaben und Werkzeuge. Es soll deutlich gemacht werden, welches IT-Controllingkonzept welche Einflüsse auf die Informationstechnologie ausübt und welche Konzeption am besten den Unternehmenszielen gerecht wird. Gleichwohl muss beachtet werden, dass die Controlling-Aufgaben des IT-Controllers heutzutage nicht nur in der kostenanalytischen Arbeit, als vielmehr auch in der Wertorientierten und Bereichsübergeifenden Betrachtung des Unternehmens liegen. Die Ausarbeitung versucht die Grenzen der jeweiligen Konzeptionen, sowie die daraus resultierenden Nachteile darzustellen. Ferner liegt das Hauptaugenmerk darin, die direkte Übertragbarkeit der allgemeinen Controllingkonzepte des Unternehmenscontrolling auf das IT-Controlling aufzuzeigen.

2 Allgemeine Funktion des Controlling

„Controlling ist die Lehre von der Steuerung und Kommunikation in sozio-ökonomischen Systemen." (Reiner Schwarz 2002, S. 3)
In diesem Abschnitt wird die Definition und Aufgabenverteilung des allgemeinen Controllings zusammengefasst, da das IT-Controlling eine Weiterentwicklung des allgemeinen Controllings ist, welche sich auf den Unternehmensbereich der Informationstechnologie konzentriert.
Controlling verbindet das traditionelle Rechnungswesen und die Unternehmensplanung. Es integriert sie zu einem ganzheitlichen dokumentationsfähigen Führungskonzept, welches die Zielformulierung,

Zielsteuerung und Zielerfüllung im Rahmen eines sich selbst steuernden Regelkreises darstellt. (vgl. Mayer S. 10; Auflage 3)

Während die Aufgaben des Controlling in den fünfziger und sechziger Jahren vor allem in der Bilanzierung und der Konzernbilanzierung lagen, wurde in den Jahren ab 1980 die analytischen Tätigkeiten immer wichtiger. Diese umfassen die Soll-Ist-Vergleiche, die Abweichungsanalysen und die Kostenüberwachung. Während in den früheren Jahren das Controlling eher auf operativer Ebene konzipiert wurde, wird heutzutage der strategische Controlling Konzeptionsansatz mit zu den Controlling-Konzepten gezählt. Unter dem Controllingbegriff versteht man heute einen Informationsdienst, der die einzelnen Unternehmensbereiche und die unterschiedlichen Managementebenen mit Informationen versorgt. (Freidank/ Mayer 2003; S. 78-79)

Nicht mehr wegzudenken ist heutzutage die Informationstechnologie, ohne diese die Informationserfassung und deren Auswertung, selbst der generelle Betriebsablauf, gar nicht mehr realisierbar wäre.

(vgl. Thomas Reichmann 1995, S. 2)

3 Funktion des IT-Controlling

Wie bereits im zweiten Abschnitt berichtet, wird das Controlling heutzutage als ein Informationsdienst betrachtet, welches der Unternehmensleitung Unterstützung bei der Planung, Steuerung und der Kontrolle liefert, die im Einklang mit der Unternehmensstrategie, immer schneller auf aufkommende Herausforderungen reagieren muss.

Durch Wertewandel und Umwelteinflüsse und immer kürzer werdende Produktlebenszyklen, sind Unternehmen heute nicht mehr ohne solche Führungsinstrumente zu steuern. Immer wichtiger wird dabei die Unterstützung der Informationstechnologie, die als Servicebereich über das gesamte Unternehmen wirkt und nicht mehr nur Hilfsleistungen in einzelnen Unternehmensbereichen leistet, sondern eine nicht mehr ersetzbare Größe im Unternehmen einnimmt. Seit der Jahrtausendwende haben viele Unternehmen in der IT ein Werkzeug zur Wettbewerbsverbesserung entdeckt. Heutzutage vernetzen Informationstechnologieprodukte die gesamten Unternehmensbereiche miteinander und benötigen dazu ein hohes Maß am Kosten- und Finanzbudget.

Neben diesen Aspekten wird heute von der IT erwartet, dass sie permanent Ressourcen zur Verfügung stellt um die schnell wachsenden Ansprüche der einzelnen Bereiche des Unternehmens erfüllen zu können. In einem weiten Vergleich können IT-Ressourcen heute mit den Finanzressourcen eines Unternehmens gleichgesetzt werden, ohne die ein reibungsloser Ablauf im Unternehmen nicht gewährleistet wäre. (vgl. Ernst Tiemeyer 2005, S. 1). Durch diese zunehmende Bedeutung im Unternehmen, und ihre wachsende Komplexität, bildet sich ein eigenständiges Fachcontrolling für Informationstechnologie heraus. (vgl. Kütz 2005; S. 2) Das IT-Controlling basiert auf den bewährten Ansätzen des allgemeinen Controllings und überträgt sie auf das IT-Controlling. (vgl. Kütz; IT-Controlling; 2005; S. 3). Grundlegende Unterscheidung des IT-Controlling zu anderen Unterkonzepten des Controlling, wie z. B. das Fertigungscontrolling, oder das Beschaffungs- oder Logistikcontrolling ist, dass diese Controlling Teilbereiche nur auf diesen Bereich begrenzt sind. Das IT-Controlling muss, durch die vernetzende Aufgabe der Informationstechnologie, in alle Bereiche des Unternehmens hineinwirken. (vgl. Freidank/Mayer 2003, S. 333).

4 IT-Controlling Konzept

Der allgemeine Begriff des Controlling-Konzeptes bedeutet die Verbindung zwischen der Gesamtheit aller verfügbaren Methoden und Techniken. D. h. das Rechnungswesen, sowie die Unternehmensplanung, sowie das Marketing werden zu einem Konzept zusammengefasst. (vgl. Freidank/Mayer, Controlling-Konzepte, 2003, S. 6)

Dieses ganzheitlich orientierte Führungskonzept koordiniert Wirkungsketten- und Wirkungsnetzdenken, so dass Zielsteuerung und Zielerfüllung wie eine Arbeitsanordnung allen Mitarbeitern in schriftlicher Form zur Verfügung stehen.

4

Zielformulierung, -steuerung und –erfüllung bilden einen sich selbst steuernden Regelkreis. (Freidank/Mayer, Controlling-Konzepte, 2003

Der Begriff der IT-Controlling hat inzwischen einen festen Platz in der Betriebswirtschaftslehre erhalten. (Krcmar/Son, 2004, S. 165).

Ein IT-Controlling-Konzept setzt einen Ordnungsrahmen, um die vielfältigen Objekte, Fragestellungen und Arbeitsweisen im IT-Controlling in eine sinnvolle Struktur zu bringen und Redundanzen oder fehlende Elemente in der Informationstechnologie zu erkennen. (Kütz; IT-Controlling; 2005; S. 3).

„Das IT-Controlling-Konzept plant, koordiniert und steuert die Informationstechnologie und ihre Aufgaben für die Optimierung der Geschäftsorganisation (…) bei der Zielformulierung, Zielsteuerng und Zielerfüllung mit dem Controllerdienst." (Gadatsch/Mayer 2005, S. 33).

Abb. 1

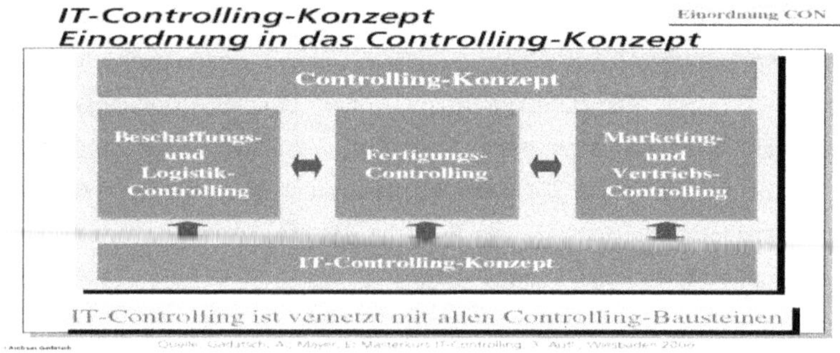

Quelle: Gadatsch, A., Mayer, E. Masterkurs IT-Controlling, 3. Aufl., Wiesbaden 2006

5 Darstellung verschiedener IT-Controllingkonzepte

5.1 Kostenorientiertes Controllingkonzept

In den Anfängen der Informationstechnologie wurde sie als Unterstützung einzelner Geschäftsbereiche verwendet. Daher wurde die IT lediglich als

5

Kostenapparat verstanden. Um diese Kosten erstmals zu erfassen und zu analysieren wurden sie als Kostenstelle erfasst. (vgl. Gadatsch 2006, S. 34). Das Kostenorientierte Controllingkonzept sieht seine Hauptaufgabe darin, die Kosten der IT im Unternehmen zum ersten zu analysieren und zum zweiten, diese soweit wie möglich zu senken. Man spricht hier von der klassischen Form des Controlling als Kostenkontrolleur und Kostensenker. (vgl. Gadatsch 2006, S. 32).

Die Aufgabe des Kostencontrollings ist die Sammlung und Aufbereitung von Informationen, die der Kostenbeeinflussung hilfreich sind. (vgl. Franz 1997 S. 7). Sie hat den Planungs-, Kontroll- und Informationsaufgaben nachzukommen. Das IT-Kostencontrolling ist ein Bestandteil des gesamten Kostenmanagements. Es hat somit keine eigene Stellung im Unternehmen. Das IT-Kostencontrolling ist vom Begriff des IT-Controlling deutlich abzugrenzen. (vgl. Siebertz 2004, S. 19), da das IT-Kostencontrolling lediglich die Kosten des IT Bereiches ermittelt. Der Begriff IT kann somit auch direkt gegen, zum Beispiel, Datenverarbeitungssysteme (DV) ersetzt werden. Das Kostencontrolling-Konzept ist dasselbe, welches bereits seit Jahrzehnten in der Produktion verwendet wird. (vgl. Siebertz 2004, S. 19). Es verwendet die klassischen Instrumente des Kostencontrollings, wie z. B. die Kostenrechnung. Die Kostenbetrachtung in der IT führt jedoch zu einem Problem, da die IT-Kosten durch die Kostenrechnung zum großen Teil als Fixkosten dargestellt werden. Sie konzentriert sich somit in einem Soll-Ist-Vergleich auf die Einhaltung des Budgets. Sie werden aufgrund der Kosten und Leistungsrechnung Verursachungsgerecht zugeordnet. Hier entsteht mit dieser Methode häufig die Erkenntnis das die IT in den einzelnen Unternehmensbereichen einen entsprechenden Kostenanteil bewirkt und diese gem. den Unternehmenszielen reduziert werden müssen. Die Typischen Maßnahmen in diesem Konzept sind die Auslagerung der IT-Abteilungen und Stellenkürzungen. Dies sind Direktmaßnahmen. Weiterhin erreicht IT-Kostencontrolling die Eindämmung der Kosten durch Budgetierung der IT-Kosten als Prozentsatz des Unternehmensumsatz. So werden die IT-Kosten, da sie nicht als eigenständige Unternehmenseinheit, sondern als unternehmensübergreifende Kostenstelle, wie z. B. die allgemeinen

Verwaltungskosten, mittels Kostenverrechnung als Gemeinkostenumlage auf die verschiedenen Kostenstellen verteilt. In Unternehmen die den Kostenorientierten Ansatz des IT-Controlling implimentieren, werden letztlich die Projekte durchführen, die den höchsten ROI erzielen, welches die Vergleichsgröße in diesem Konzept darstellt. (vgl. Gadatsch 2006, S. 33)

5.2 Leistungsorientiertes IT-Controllingkonzept

Mit dem Fortschritt der IT-Technologie vollzog sich der Wandel der Informationstechnologie vom unterstützenden Hilfsmittel für einzelne Funktionsbereiche des Unternehmens, wie der Buchhaltung, oder der Maschinensteuerung, zu zusammenhängenden Modulen, welches die verschiedenen Unternehmensbereiche miteinander direkt vernetzt, mit dem Ziel die Unternehmen zu optimieren. (vgl. Gadatsch 2006, S. 34). Die leistungsorientierte Sichtweise erkennt, das der Einsatz von IT für Unternehmen Leistungssteigerung und Effizienzverbesserung bedeutet. Eine bedeutende Erkenntnis für das IT-Controlling ist, dass IT als Kernelement zur Sicherstellung der Wettbewerbsfähigkeit des Unternehmens dient. (vgl. Gadatsch 2006, S. 32). „Produktivität und Wirtschaftlichkeit werden zu zentralen Steuerungsgrößen in der IT". (vgl. Kütz 2006, S. 50). Es erfordert die Ermittlung der Leistungen, in vom Anwender und Management erkennbarer Form und fokusiert dabei die Technik und den Ressourcenverbrauch. (vgl. Kütz 2005, S. 50). Das IT-Controlling stellt ein Funktions- und Bereichsübergreifendes Koordinationssystem für den IT-Bereich und die Informationswirtschaft der Gesamtorganisation dar. Es darf nicht nur den IT-Bereich begleiten, sondern muss alle informationswirtschaftlichen Aktivitäten der Organisation unterstützen. Ziel ist die Planung, Steuerung und Kontrolle aller IT-Prozesse im Hinblick auf Wirtschaftlichkeit und Effektivität. (vgl. Horvath/Reichmann 2003, S. 343-346). Das Ziel des leistungsorientierten Controllingkonzeptes ist die Erhöhung der Leistungsfähigkeit des Unternehmens. Durch die Ausrichtung und Steuerung der Informationstechnologie an Unternehmenszielen wird die Leistungsfähigkeit des Unternehmens und damit sein Wert erhöht. Dies entspricht dem

Wertorientierten Controlling Konzept. (Ernst F. Schröder, in Freidank, Mayer 2003 S. 144). Der Leistungsorientierte Ansatz standardisiert die IT-Leistungen im Unternehmen und erhöht damit die Leistungsfähigkeit der IT. Ebenso stellt dies Einsparungspotentiale dar, weil dies den Wegfall von nicht verknüpften oder doppelten IT-Arbeiten bewirkt. Diese Maßnahmen gehen teilweise soweit, dass die Unternehmensorganisation an den IT-Prozessablauf angepasst werden muss. Mit Hilfe der Kosten- und Leistungsverrechnung werden diese Verursachungsgerecht den einzelnen Unternehmensbereichen zugeordnet. (vgl. Gadatsch 2006, S. 33). Das IT-Controlling unterstützt die Planung und Durchführung von IT-Projekten. Sie plant und überwacht die Leistung, Qualität, Kosten, Termine und Risiken der Projekte. Für alle Dimensionen stellt das IT-Controlling geeignete Verfahren zur Verfügung und sorgt für eine einheitliche und konsequente Anwendung. Sie greift dabei auf die Werkzeuge des Kostencontrolling zu, wie die Kosten- und Leistungsrechnung. Neben diesen nutzt das leistungs- bzw. wertorientierte IT-Controllingkonzept Werkzeuge wie die Balancedscorecard. Es unterstützt das IT-Management bei der Bewertung, Auswahl und Initiierung der IT-Projekte mit Methoden der Wirtschaftlichkeitsberechnung, sowie mit Bewertungs- und Entscheidungsunterstützungsverfahren. (vgl. Kütz 2005, S. 20). Ein weiteres Instrument ist die IT-Governance, welches das IT-Angebot mit dem IT-Bedarf zu verbinden versucht, damit keine unnötige IT-Leistungen entstehen, die die Benutzer nicht benötigen bzw. nachfragen. Hier sei das CObIT Modell genannt. (vgl. Clement, Gadatsch, Juszczak, Krupp, Kütz; 2006, S. 103). IT-Controlling setzt somit auch die Maßstäbe für diese Projekte und deren Budgets. (vgl. Gadatsch 2006, S. 33). Die Verfeinerung des Leistungsorientierten Controllingkonzepts wird im operativ-/strategischen Controllingkonzept verdeutlicht.

5.3 Operatives IT-Controllingkonzept

Das operative Controllingkonzept hat zur Aufgabe die zunehmende betriebswirtschaftliche Komplexität von Unternehmen transparenter zu machen um rechtzeitig Signale zu setzen damit Gegensteuerungsmaßnahmen eingeleitet werden können. Es liefert in Zahlen verdichtet Informationen über geplante und realisierte Maßnahmen und hat die kurzfristige Gewinnsteuerung zum Ziel. (vgl. Mayer 1993, S. 76-77). Das operative Controllingkonzept ist zeitlich gebunden, meist auf eine Jahresperiode oder eine Projektdauer. (vgl. Vollmuth 1999, S. 35). Es betrachtet ausgewählte Geschäftsprozesse, Informationssysteme oder einzelne Kostenstellen und dient der konkreten Prozessunterstützung. (vgl. Gadatsch 2006 [Mayer 2003], S. 44). Im Focus des operativen Controllings steht der Grundsatz, die „Dinge" richtig zu tun. (vgl. Kütz 2005, S. 52). Das operative und das strategische IT-Controlling sind über den Regelkreis miteinander gekoppelt. So gibt zum Beispiel das operative IT-Controlling durch seine Abweichungsanalyse ein Feedback an das strategische IT-Controlling, woraufhin dieses eine Strategieänderung durchführen muss und dem operativen Controlling somit wieder neue Zielvorgaben gibt, welches dieses nun wieder auf die richtige Durchführung innerhalb des abgegrenzten Zeitraums plant, steuert und kontrolliert. (vgl. Schwarz 2002, S. 365). Die Beschreibung des allgemeinen Controllings sind nahtlos auf das IT-Controlling zu übernehmen. (vgl. Kütz 2005, S. 52). Das operative IT-Controlling Konzept greift, ebenso wie das strategische IT-Controlling-Konzept, auf das Lebenszyklusmodel zurück. Dieses Modell umfasst die gesamte Lebensdauer eines IT-Systems, von der Entwicklung über die Nutzung bis zum Nutzungsende. Somit ist das operative IT-Controlling in der Lage die gesamte Kette, vom Projekt zum System, sowie den Prozess und auch den Service, nicht nur einzeln, sondern als logische Abfolge des Verlaufes zu planen, steuern und zu kontrollieren. (vgl. Kütz 2005, S 12-13). Der Bezugsbereich des operativen Controlling liegt in den Geschäftsprozessen selbst. Es wirkt auf den Kostenstellenleiter und betrachtet die Anwendungssysteme. Es unterstützt die Geschäftsprozesse durch den effizienten IT-Einsatz, mit dem Ziel, den Gewinn und damit die Rentabilität des Unternehmens zu erhöhen, sowie die Liquidität zu schonen. Wesentliches Hilfsmittel des operativen IT-Controlling ist die IT-Kosten- und Leistungsrechnung, welches die klassischen Kennzahlen für das Controlling liefert, wie die Kostenarten-, und Kostenstellenrechnung. Ebenso verwendet sie die Abeichungsanalysen, sowie die Investitionsrechnungen und

9

Projektkalkulationen. Neben den Methoden des Kostencontrollings nutzt das operative Controlling-Konzept das Geschäftspartnermanagement. Dieses regelt das Vertragsmanagement bzw. Controlling, sowie die generelle Einbindung externer IT-Berater oder IT-Dienstleister, durch z. B. SLA. Es gehört zur Aufgabe des IT-Controllers diese Verträge laufend zu überwachen und zu verwalten. Ebenso wird durch gezieltes Vertragsmanagement deren Steuerung bezüglich Inhalt, Terminierung, Organisation und Finanzierung sichergestellt. Somit ist das operative IT-Controlling, bzw. IT-Controllerdienst in der Lage bei Vertragsverletzung rechtzeitig einzugreifen. Neben den bereits genannten, gehört auch das IT-Projektmanagement zu den Werkzeugen des operativen IT-Controllings. Die Mitwirkung in diesem Bereich ermöglicht es dem IT-Controllingdienst, IT-Projekte frühzeitig zu beeinflussen, bzw. unwirtschaftliche oder riskante IT-Projekte zu verhindern. Durch die laufende Projektüberwachung hat der IT-Controller im operativen IT-Controlling-Konzept den Einblick in aktuelle IT-Projekte und kann Schwachstellen und Fehlentwicklungen frühzeitig erkennen und Gegenmaßnahmen einleiten. Mit Hilfe des IT-Prozessmanagement kann der IT-Controller den laufenden IT-Bedarf optimieren. Durch die Modellierung von Geschäftsprozessen wird eine Basis für laufende Prozessverbesserung geschaffen, welche durch die Prozesskostenrechnung laufend analysiert werden können und somit IT-Ressourcen bzw. Anforderungen optimieren. Auf dieser Grundlage können dann IT-Outsourcing oder IT-Offshoring Maßnahmen diskutiert werden, welche wiederum durch Vertragsmanagement etc. geplant, gesteuert und kontrolliert werden. (vgl. Gadatsch 2006, S. 46-47).

5.4 Strategisches IT-Controllingkonzept

Um auf die wachsende Zahl von Umwelteinflüssen, welche auf die Unternehmen einwirken, und an Intensität und Komplexität ständig zunehmen, realisieren zu können, muss ein Unternehmen heute ein effektives Informationsmanagement besitzen. Denn kurzfristige Entscheidungen bedeuten Wettbewerbsvorteile. (vgl. Mayer 1993, S. 119-120). Somit hat sich Ende der

10

1990er Jahre das Informationsmanagement als Führungsinstrument gegen die bisherige Datenverarbeitung durchgesetzt. IT dient nicht mehr nur der Optimierung des Unternehmens, sondern ist seit der Jahrtausendwende ein Teil des Geschäftsbetriebes. Es dient heute als Basis für völlig neue Geschäftsmodelle, wie Elektronische Marktplätze, Onlineauktionssysteme, Elektronische Beschaffungssysteme, z. B. Supply-Chain-Management, etc.. (vgl. Gadatsch 2006, S. 34-35). „Die strategischen Aufgaben dienen der langfristigen Ausrichtung der IT an den Unternehmenszielen." (vgl. Krcmar, 2005, S. 34). „Das strategische IT-Controlling (…) orientiert sich ohne Zeithorizont am Gesamtunternehmen." (vgl. Gadatsch 2006, S. 44). Kernaussage des strategischen Controllings ist es, nicht nur die „Dinge" richtig zu tun, sondern schon die *richtigen* „Dinge" zu tun. (vgl. Kütz 2005, S. 52) Es ist überwiegend auf die Umwelt des Unternehmens, also auf Geschäftsfeld- und Kernkompetenzplanung ausgerichtet. (vgl. Witt 2002, S. 755) Diese allgemeine Ausrichtung ist unverändert auf das IT-Controlling zu übertragen. (vgl. Kütz 2005, S. 52). Es löst sich von der rückschauenden Betrachtungsweise und untersucht die absehbare Wirkung alternativer Strategien auf einen prognostizierten Zustand. (Feedforward-Analyse). (vgl. Mayer 1993, S. 128). Für das Informationsmanagement ist das strategische IT-Controlling integraler Bestandteil des allgemeinen strategischen Controllings. (vgl. Kütz 2005, S. 52). Das klare Ziel des strategischen Controllingkonzeptes ist es, die Wettbewerbsfähigkeit zu erhalten, den Unternehmenswert zu steigern und dadurch die Existenzsicherung des Unternehmens zu gewährleisten. Es legt die IT-Ausrichtung am gesamten Unternehmensziel fest. Weiterhin ist Bestandteil der strategischen Zielformulierung, die Betrachtung der IT als Wettbewerbsfaktor. Es liegt nah, dass der Bezugsbereich des strategischen IT-Controllings auf den gesamten Konzern bzw. das gesamte Unternehmen bezogen ist. Sie legt die Maßnahmen für das operative IT-Controlling fest. (vgl. Gadatsch 2006, S. 44). Im Planungsprozess bezieht sie sich auf qualitative, nicht immer berechenbare Größen.
Zusammenfassend ist festzustellen, dass die Aufgabe des strategischen IT-Controlling in der Unterstützung des IT-Managements bei der Formulierung, Überwachung, und Umsetzung der IT-Strategie liegt. Zu den Werkzeugen

11

gehören die IT-Balanced Scorecard, welche dem Monitoring der IT-Strategie, sowie der Bereitstellung und Analyse strategischer Kennzahlen dient. Durch die IT-Standardisierung und Konsolidierung unterstützt das strategische IT-Controlling das Management bei der Festlegung und Durchsetzung von Programmplänen und IT-Standards. Beispielhaft sei hier die Einführung von Standardsoftware, TCO-Maßnahmen, sowie das IT-Arbeitsplatzmanagement genannt. Weiterhin gehört zur Aufgabe des strategischen IT-Controlling Konzeptes das IT-Portfoliomanagement, welches der Bewertung, Auswahl und Steuerung von Neu- oder Wartungsprojekten, sowie der Bewertung von IT-Sicherheits-Projekten dient. Dieses Management-Instrument bereitet, und verabschiedet langfristige IT-Projekte, und legt deren zeitliche Abwicklung bzw. Reihenfolge fest. Hier ist die Mitwirkung des IT-Controllers nicht in jedem Unternehmen Standard. (vgl. Gadatsch 2006, S. 45).

Abb. 2

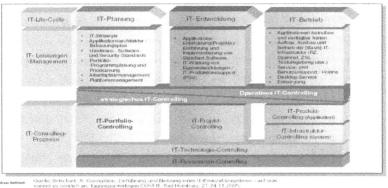

Quelle: Gadatsch, A., Skript IT-Controlling WS 2007/2008, St. Augustin 2007

12

5.5 CIO- Konzept

"Der Literatur folgend wird der Chief Information Officer (CIO) als „the highest ranking executive with primary responsiblity for information management" verstanden [Syno87]. Dieses Konzept breitet sich im deutschsprachigen Raum langsam aus. Es gibt nur wenige oberste Leitungsinstanzen, die für Informations- und Kommunikationstechnologien (IKT) zuständig sind und die Bezeichnung „CIO" tragen." (vgl. http://www.wirtschaftsinformatik.de/wi_artikel.php?sid=802). Das Konzept des CIO hat sich vorwiegend im öffentlichen Haushalten und großen Unternehmen durchgesetzt. Der wesentliche Unterschied zum IT-Leiter ist, dass der CIO nicht nur die technische Bereitstellung der IT zu bearbeiten, bzw. zu verantworten hat, sondern er muss auch das Informations- Wissens- und Technik-Mangement der IT bearbeiten. In diesem Zusammenhang entwickelt er die Konzepte für zukünftige technische Möglichkeiten und unterstützt die einzelnen Fachbereiche bei der Gestaltung der Geschäftsprozesse. Die Nennung des CIO-Konzeptes als eigenständiges IT-Controllingkonzept ist nicht in neuen IT-Controlling-Methoden zu suchen, sondern vielmehr hat es mit der Positionierung des IT-Controlling in der Unternehmensstruktur zu tun. Während die vorgenannten IT-Controlling-Konzepte das IT-Controlling als Unterabteilung des IT-Bereiches, oder als Untereinheit des gesamten Controllingbereiches des Unternehmens angesiedelt werden, verbindet das CIO-Konzept diese beiden Möglichkeiten miteinander. Die Rollenverteilung zwischen dem IT-Controller und dem CIO ist nicht immer klar geregelt. So kann es zu Überschneidungen der Zuständigkeit kommen. Im CIO-Konzept unterstützt das IT-Controlling das IT-Management bei der Umsetzung der IT-Strategien. Sie wird in den Informationsprozess eingebunden und führt IT-Projekte und Kosten-Monitoring durch. Durch die starken Vernetzungen des CIO's mit dem IT-Controlling, lassen sich die einzelnen Zuständigkeiten nicht klar trennen, so dass der CIO häufig Aufgaben des IT-Controlling übernimmt. Die Ansiedlung des IT-Controllers in der Unternehmenshierachie ist unterschiedlich. Er ist im Controlling Modell Mitarbeiter des Unternehmenscontrolling, oder er ist im CIO-Mitarbeiter-Model

13

als Mitarbeiter dem CIO unterstellt. Die optimalste Umsetzung des CIO Konzeptes ist, wenn das IT-Controlling gleichrangig mit dem CIO und dem Unternehmenscontrolling angesiedelt ist. Dieses Konzept wird so von der Zürcher Kantonalbank umgesetzt. (vgl. Gadatsch 2006, S. 49-60).

Abb. 3

Zusammenwirken des IT-Controllerdienst und CIO

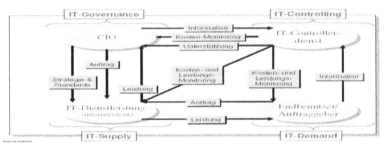

Quelle: Gadatsch A., Mayer E., Masterkurs IT-Controlling, 3. Aufl., Wiesbaden 2006

6 Fazit

Gegenüberstellung der IT-Controllingkonzepte					
IT-Controlling konzepte	Kostenorientiertes IT-Controlling	Leistungsorientiertes IT-Controlling	Operatives IT-Controlling	Strategisches IT-Controlling	CIO-Konzept
Entstehung	1970	1990	Ende 1990er	Ende 1990er	Anfang des Jahrtausends
Zielsetzung	IT-Kostenreduzierung	Erhöhung der Leistungsfähigkeit des Unternehmens	Gewinnoptimierung, Liquiditätsoptimierung, Rentabilitätserhöhung	Steigerung des Unternehmenswertes, Verbesserung der Wettbewerbsfähigkeit, Existenzsicherung	Umsetzung einer IT-Strategie, Einführung von IT-Standards; Unterstützung der Fachbereiche bei Entwicklung und Optimierung von Lösungen der Geschäftsprozesse, IT-Budgets und IT-Kostenoptimierung

14

Ansiedlung im Unternehmen	Als Teil der Kostenrechnung (Controllingabteilung)	Als Teil der Controllingabteilung bzw. als untergeordnete Abteilung der IT Abteilung	Teil der IT-Abteilung	Teil der IT-Abteilung	Teil der Unternehmensführung gleichberechtigt neben CIO und Unternehmenscontrolling (bei bestmöglicher Umsetzung)
Sichtweise auf das IT	IT als Kostenfaktor	IT als Optimierendes Werkzeug im Unternehmen	IT als Geschäfts-partner, Serviceleistung	IT als Geschäftspartner, Serviceleistung	IT als strategischer Wettbewerbs-vorteil
Werkzeuge	Kosten-Leistungs-rechnung, Soll-Ist-Vergleiche; Budgetman-agement; Kennzahlen-methoden (ROI, etc)	Kosten-Leistungs-rechnung, Soll-Ist-Vergleiche; Budgetmanage-ment; Kennzahlen-methoden (ROI, etc) Balanced-Scorcard, IT-Gouvernance	IT-Kosten und Leistungsrechnung, Geschäftspart-ner-Management (SLA) IT-Berichtswesen und Kennzahlen, IT-Projektmanage ment, IT-Prozessmanage -ment	IT-Balanced-scorcard, IT Standard-isierung (TCO, IT-arbeitsplatz-management, IT-Portfolio-mangement	Die Werkzeuge des CIO-Konzeptes sind gleich dem Strategisch-Operativen Controlling-konzept IT-Gouvernance
Vorteile	Verbesserung der Kostenstrukt ur	Verbesserung der Leistungsfähig-keit den Unternehmens mit Blick auf die Kostensituation	Verbesserung der in der Strategie festgelegten Maßnahmen und Optimierung der Prozesse, (Steigerung der Effizienz)	Erhöhung des Unternehmen s-werts, Erhöhung der Wettbe-werbsfähig-keit, Langfristige Existenzsiche rung, (Steigerung der Effektivität)	Verbesserte Einflussnahme der IT-Abteilung im gesamten Unternehmen durch Ansiedlung in Unternehmens-führung, Stärkt die Durchsetzungs-fähigkeit des IT-Controlling
Nachteile	Nicht nutzenorient -iert, somit können IT-Projekte nicht gestartet werden, die einen hohen Optimierung sbeitrag leisten, weil sie zu Kosteninten-siv sind.	Oft nicht vernetzt mit der Unternehmensstr ategie, es können losgelöste Projekte entstehen	Umfangreiches Kennzahlen-werk, welches Aufwendige Arbeitsschritte benötigt, welche die Kosten für das IT-Controlling erhöhen	Nur bei konsequenter Umsetzung wirklich erfolgreich, dieser Controlling Ansatz wird noch nicht in allen Unternehmen wirklich eingesetzt	Momentan noch geringe Akzeptanz in den Unternehmen

Quelle: eigene Entwicklung

Feststellend gilt für ein geeignetes IT-Controllingkonzept, welches sich ganz nach der Art- und Größe des jeweiligen Unternehmens richtet, dass ein rein kostenorientierter IT-Controllingansatz in der heutigen Zeit keinen Sinn mehr macht. Die IT gilt mittlerweile als ein Strategisches Instrument für die Erzielung bzw. Erhaltung des Wettbewerbsvorteils. Somit würde ein rein kostenorientiertes Konzept zu contraproduktiven Lösungen führen. IT-Controlling macht nur dann Sinn, wenn die Kosten mit den Leistungsdaten gegenübergestellt werden. Dies ist aber erst möglich, wenn die erwarteten Leistungen vorher definiert werden, weil nur so die Wirtschaftlichkeit der IT messbar wird und Leistungen mit geringeren Kosten produziert werden können. Erst dann rechtfertigt sich der Aufbau einer separierten IT-Controlling Einheit, gleich wo sie in der Organisation angesiedelt ist. (vgl. Kütz 2005, S. 21). Somit ist es sinnvoll für die Unternehmen, die IT-Controllingkozeption auf Basis der strategisch, operativen IT-Controllingansätze zu installieren. Denn nur so können die gesetzten Sach- und Formalziele, vor der IT-Investition und auch während der IT-Anwendungen überprüft werden. (vgl. Jaspersen 2005, S. 38). Es ist jedoch fraglich, ob kleine bzw kleine mittelständische Unternehmen wirklich das CIO Konzept einführen sollten, da die Hierachieebenen in diesen Unternehmen flach sind, und der IT-Controller somit eine recht starke Stellung im Unternehmen genießt. Dieses Konzept eignet sich letztlich für größere Mittelständler und Konzerne, bzw. Unternehmen deren Kerngeschäft auf IT-Prozessen basiert. (z. B. Internetauktionshäuser etc.) Wichtig ist jedoch, was auch für alle Arten von Controllingansätzen gilt, sie müssen richtig eingeführt und gelebt werden, so dass sie auch Lerneffekte ergeben, sowohl auf operativer als auch auf strategischer Ebene. (vgl. Jäger 2003, S. 196). Nur so kann IT optimaler für das Unternehmen gestaltet, und dauerhaft zum Wettbewerbsvorteil und damit zur Wertsteigerung des Unternehmens beitragen, und das IT-Controlling als sinnvolles Instrument erkannt und gewertet werden.

Literaturverzeichnis

Clement, R., Gadatsch, A., Juszczak, J., Krupp, A., Kütz, M.,
IT-Cotnrolling und Beteiligungscontrolling in Forschung und Praxis, St. Augustin 2006

Freidank/Mayer
Controlling-Konzepte, Wiesbaden 2003 (6,, vollständig überarbeitete und erweiterte Auflage)

Gadatsch, A, Mayer, E,
Masterkurs IT-Controlling 3. verbesserte und erweiterte Auflage, Wiesbaden 2006

Heinzel, Armin
http://www.wirtschaftsinformatik.de/wi_artikel.php?sid=802

Horváth/Reichmann
Vahlens Großes Controlling-Lexikon, München 2003 (2., neu bearbeitete und erweiterte Auflage)

Jäger, Urs
Wertbewusstes Controlling, Wiesbaden 2003

Jaspersen, Thomas
IT-Controlling für Mittel- und Kleinbetriebe, Berlin 2005

Kremar, H.
Informationsmanagement, Heidelberg 2005 (4., überarbeitete und erweiterte Auflage)

Kütz, M,
IT-Controlling für die Praxis, 1. Auflage, Heidelberg 2005

Kütz, M,
IT-Steuerung mit Kennzahlensystemen, 1. Auflage, Heidelberg 2006

Mayer, E.
Controlling-Konzepte, Wiesbaden 1993 (3., vollständig überarbeitete und erweiterte Auflage)

Reichmann, T.
Controlling mit Kennzahlen du Managementberichten, München 1995 (4., überarbeitete und erweiterte Auflage)

Schwarz, R.
Controlling-Systeme, Wiesbaden 2002

Vollmuth, H. J.
Führungsinstrument Controlling, Planegg 1999 (5., überarbeitete und erweiterte Auflage)

Witt, F. J.
Controlling-Lexikon, München 2002

www.ingramcontent.com/pod-product-compliance
Lightning Source LLC
La Vergne TN
LVHW042316060326
832902LV00009B/1537